Evaluating Educational Programs

ΑΞΙΟΛΟΓΗΣΗ ΕΚΠΑΙΔΕΥΤΙΚΟΥ ΠΡΟΓΡΑΜΜΑΤΟΣ

Sofia Triantafyllou

Bibliographic information published by the German National Library:

The German National Library lists this publication in the National Bibliography; detailed bibliographic data are available on the Internet at http://dnb.dnb.de.

ISBN: 9783346516121
This book is also available as an ebook.

© GRIN Publishing GmbH
Nymphenburger Straße 86
80636 München

Print and binding: Books on Demand GmbH, Norderstedt, Germany
Printed on acid-free paper from responsible sources.

The present work has been carefully prepared. Nevertheless, authors and publishers do not incur liability for the correctness of information, notes, links and advice as well as any printing errors.

GRIN web shop: https://www.grin.com/document/1112854

Sofia I. Triantafyllou

Evaluating Educational Programs

«ΑΞΙΟΛΟΓΗΣΗ
ΕΚΠΑΙΔΕΥΤΙΚΟΥ ΠΡΟΓΡΑΜΜΑΤΟΣ»

Yale Poorvu Center for Teaching and Learning refers to the Program evaluation
as a *"process of systematically collecting, analyzing, and using data to review the*
effectiveness and efficiency of programs. In program evaluation, measurement
methods are best categorized into direct and indirect measures. Both measures can
provide a more holistic view of the impacts of a program".

Περίληψη

Στο κατωτέρω άρθρο αναφερόμαστε στη διαχείριση ενός εκπαιδευτικού προγράμματος που αφορά σε υποτιθέμενη δράση του Υπουργείου Ανάπτυξης και Επενδύσεων και υλοποιείται μέσω κάποιου ΚΔΒΜ της Β. Ελλάδας, από τον σχεδιασμό του Προγράμματος, την τέλεση, ως την αξιολόγησή του. Το πρόγραμμα απευθύνεται σε εργαζόμενους επιχειρήσεων του ιδιωτικού τομέα και συγκεκριμένα στον Τουριστικό Τομέα. Το σημαίνον στην όλη διεργασία είναι η έμφαση που δίδεται στην αξιολόγηση του προγράμματος ως προς τα καίρια σημεία του, την μεθοδολογία και τα στάδια (της αξιολόγησης), σύμφωνα με την οπτική ερευνητών στο πεδίο. Αναφερόμαστε αναλυτικά στους ανασταλτικούς παράγοντες κατά τη διάρκεια υλοποίησης του προγράμματος, τα αξιοποιούμενα μέσα-αντικείμενα της δράσης, τη διαδικασία αξιολόγησής του, καθώς και ό,τι αφορά στη διάχυση των αποτελεσμάτων του Εκπαιδευτικού Προγράμματος.

Λέξεις κλειδιά : Εκπαιδευτικό Πρόγραμμα, Καταρτιζόμενοι, Μέσα, Μεθοδολογία, Αξιολόγηση

ΠΕΡΙΕΧΟΜΕΝΑ

ΕΙΣΑΓΩΓΗ

Αν θεωρήσουμε δεδομένη την εξέλιξη των εκπαιδευτικών δράσεων συνυφασμένη με την ραγδαία ανάπτυξη των επιστημών, θεωρείται επίσης δεδομένη η ανάγκη εξειδίκευσης και περαιτέρω ανάπτυξης δεξιοτήτων σε επίπεδο ατομικό, επαγγελματικό και κοινωνικό.

Αντιστοιχίζοντας λοιπόν υποκείμενο, επάγγελμα και εκπαιδευτικό προφίλ ως μία σχέση εν δυνάμει εξελίξιμη, δημιουργείται η αναγκαιότητα αύξησης των δεξιοτήτων και αναπροσαρμογής τους, 'υπό νέους όρους'. Τοιουτοτρόπως επιβάλλεται αναμόρφωση, με την έννοια της δημιουργίας εκπαιδευτικών προγραμμάτων που να καλύπτουν τις σύγχρονες απαιτήσεις κατάρτισης, εναρμονίζοντας την αναβάθμιση των εκπαιδευτικών δράσεων με την προώθηση αξιοποίησης των ανθρώπινων πόρων (Fullan, 2007).

Εν προκειμένω, η μεγαλύτερη πρόκληση στη γνωστική διαδικασία, είναι η επανατοποθέτηση ενός προβλήματος με τέτοιο τρόπο, ώστε να χαρτογραφείται/δρομολογείται η λύση το[1] (Κατσαλής, 2001, σ.146). Δηλαδή εφόσον διαγνωσθεί και οριοθετηθεί ένα πρόβλημα, τίθενται σε εφαρμογή και οι παράμετροι που θα οδηγήσουν σε πιθανές λύσεις και ακολουθείται μία διαδικασία που υπόκειται σε κανόνες στους οποίους οι συμμετέχοντες, οφείλουν να δεικνύουν σέβας και να δρουν συναινετικά και με φρόνηση, τηρώντας τις προϋποθέσεις που εξ αρχής τίθενται, συμβάλλοντας ενεργητικά στην αποκωδικοποίηση και διευθέτησή του (Russel, 1990). Η ίδια περίπου δομή κυριαρχεί και στην διαδικασία τέλεσης ενός εκπαιδευτικού προγράμματος, αν θεωρηθεί ότι η δημιουργία του, η διεξαγωγή του, η αξιολόγηση και η επιτυχής ή όχι διεκπεραίωσή του, ακολουθεί τις γραμμές πλεύσης/επίλυσης ενός εκπαιδευτικού προβλήματος, - μεγαλύτερης βέβαια εμβέλειας και υπό την ευρεία έννοια του όρου -, στηρίζοντας τα θεμέλιά του στην ανάλυση εκπαιδευτικών αναγκών σε συσχέτιση με την αγορά εργασίας, οι οποίες γραμμές σχετίζονται άμεσα με το πολιτικό, οικονομικό και κοινωνικό 'κλίμα' της εποχής, καθώς και του τόπου, του χρόνου και των τεχνολογικών διαθέσιμων μέσων (Nesterkin, 2013).

---

[1] Ο Κατσαλής αναπαριστά σχηματικά το πρόγραμμα δίδοντας έμφαση, - πέραν του Εκπαιδευτή, του Εκπαιδευόμενου και της διδασκαλίας/μάθησης -, στο Περιβάλλον και στην εφαρμογή του περιεχόμενου του

ΕΚΠΑΙΔΕΥΤΙΚΟ ΠΡΟΓΡΑΜΜΑ : «Κατάρτιση εργαζομένων επιχειρήσεων του ιδιωτικού τομέα»

Χαρακτηριστικά, διάρκεια, στόχοι δράσης

Θα αναφερθούμε σε πλασματικά στοιχεία μιας δράσης η οποία υποτίθεται ότι τίθεται σε εφαρμογή την τρέχουσα χρονική περίοδο, σύμφωνα με στοιχεία του Υπουργείου Ανάπτυξης και Επενδύσεων, όπως, - υποτίθεται εκ νέου -, μεταφέρονται στην ιστοσελίδα κάποιου ΚΔΒΜ της Β. Ελλάδας, αποβλέποντας στη συνέχεια στην αποκωδικοποίηση αυτής της δράσης, μέσω θεωρητικής υφής, αλλά και δυναμικού τύπου, αξιολόγησης Εκπαιδευτικού Προγράμματος Κατάρτισης.

«Δικαίωμα συμμετοχής στο Πρόγραμμα έχουν όλοι οι Εργαζόμενοι του Ιδιωτικού τομέα της Οικονομίας (με σχέση εξαρτημένης εργασίας), ανεξαρτήτως του κλάδου ή της επιχείρησης που απασχολούνται, ηλικίας από 18 έως 64 ετών».

«Η Κεντρική Ένωση Επιμελητηρίων Ελλάδος (Κ.Ε.Ε.Ε.) πρόκειται να υλοποιήσει Επιδοτούμενα Προγράμματα Κατάρτισης και Πιστοποίησης Εργαζομένων στην Κεντρική Μακεδονία, τα οποία θα υλοποιηθούν από Πιστοποιημένα Κέντρα Διά Βίου Μάθησης, σε όλη την Ελλάδα».

Στόχοι της Δράσης

- Η αύξηση της ανταγωνιστικότητας των επιχειρήσεων, μέσω προγραμμάτων κατάρτισης εκσυγχρονισμού όλων των διοικητικών λειτουργιών κάθε επιχείρησης.

- Η ενσωμάτωση νέων τεχνολογιών στις διαδικασίες παραγωγής και διοίκησης των Μικρομεσαίων Επιχειρήσεων, μέσω της υλοποίησης προγραμμάτων επαγγελματικής κατάρτισης των εργαζομένων.

- Η αναβάθμιση των δεξιοτήτων των εργαζομένων σε αντικείμενα προσαρμοσμένα στις απαιτήσεις της αγοράς εργασίας, τα οποία δεν αφορούν αποκλειστικά τις νέες ανάγκες κάθε επιχείρησης αλλά καλύπτουν τις ανάγκες ενός ευρύτατου φάσματος επιχειρήσεων, παρέχοντας στον εργαζόμενο προσόντα μεταβιβάσιμα σε άλλους τομείς ή κλάδους απασχόλησης.

Αντικείμενα κατάρτισης στα ακόλουθα θεματικά πεδία:

- Οικονομία - Διοίκηση
- Πληροφορική
- Τεχνικά
- Τουρισμός - Παροχή Υπηρεσιών
- Αγροτικά
- Υγεία –Πρόνοια
- Παιδαγωγικά

Διάρκεια προγραμμάτων κατάρτισης

Η διάρκεια των προγραμμάτων κυμαίνεται από 40 έως 200 ώρες, όπου το θεωρητικό μέρος αποτελεί 40%, ενώ η πρακτική άσκηση καλύπτει το 60% του συνόλου των ωρών κατάρτισης.

Κατηγορίες ωφελούμενων

Δυνατότητα συμμετοχής έχουν Άνδρες και Γυναίκες, που εργάζονται σε ιδιωτικές επιχειρήσεις όλων των τομέων και κλάδων της κοινωνικής οικονομίας " Οι ενδιαφερόμενοι μπορούν να απευθύνονται στα πιστοποιημένα ΚΔΒΜ.....κ.λπ.»

Εκπαιδευτικό Πρόγραμμα και Στόχοι αξιολόγησης

Με δεδομένο ότι η αξιολόγηση ενός προγράμματος αυτής της μορφής είναι το μέτρο ανάμεσα στις κοινωνικές ανάγκες που δημιουργούνται σε κάποιο ορισμένο χρόνο και στα αποτελέσματα που προκύπτουν αναφορικά με τους προκαθορισμένους στόχους (Nirchi and Simeone 2004), κρίνεται σκόπιμο καταρχάς ν'αποσαφηνιστεί ο όρος 'Εκπαιδευτικό Πρόγραμμα'. Ο όρος Ε.Π. λοιπόν οφείλει να εμπερικλείει:

o Εμπεριστατωμένη μελέτη σχεδιασμού σύμφωνα με διεθνείς αρχές και πρακτικές

o Σαφή προσδιορισμό γενικών σκοπών και στόχων

o Πρόβλεψη διαδικασιών, τεχνικών και μεθόδων καθώς, εποπτικών μέσων και κατάλληλων χώρων, σχετικών με την επίτευξη των στόχων

o Πιστοποίηση των προαναφερόμενων δομών

Αν υποθέσουμε λοιπόν πως το προαναφερόμενο ΚΔΒΜ είναι συμμετέχων φορέας κατάρτισης στην ανωτέρω ενέργεια, σε κάποιο Πρόγραμμα 'ΠΑΡΟΧΗΣ ΤΟΥΡΙΣΤΙΚΩΝ Υ- ΠΗΡΕΣΙΩΝ ΣΤΕΛΕΧΩΝ ΙΔΙΩΤΙΚΩΝ ΕΠΙΧΕΙΡΗΣΕΩΝ' διάρκειας 350 ωρών, οι στόχοι αξιολόγησης του προγράμματος πρέπει να είναι μετρήσιμοι και μπορούν να συνοψιστούν 'εν

3

γένει' :

> στην ποιότητα και αποδοτικότητα αυτής της επένδυσης (=> διοργάνωση με προδιαγραφές)

> στο ποιόν και την μαθησιακή παραγωγικότητα των επιμορφωτών (=> CV+ performance αυστηρά καθορισμένα)

> στην αναλογία μεταξύ ατομικών, κοινωνικών αναγκών και περιεχομένου του προγράμματος (=> ατομική και συλλογική ανέλιξη τουριστικών κοινωνικών δομών της περιοχής)

> στην ανταπόκριση των αποκτηθεισών δεξιοτήτων από τους εκπαιδευόμενους, στην πράξη (=> ανάπτυξη υψηλής ποιότητας επαγγελματικών προφίλ και ποιοτική ανταγωνιστικότητα/αναβάθμιση μεταξύ των ιδιωτικών τοπικών επιχειρήσεων που αφορούν τον

Λαμβάνοντας υπόψη πώς οι στόχοι σε επίπεδο εκπαιδευομένων, κινούνται σε τρία πεδία: α. γνωστικό/λειτουργικό β. ψυχοκινητικό (ικανότητες/τεχνογνωσία) και γ. θυμικό (συμπεριφορά), ενδεικτικά αναφέρουμε κατωτέρω.

Να εκπαιδευτούν οι συμμετέχοντες ώστε να :

✓ αναγνωρίζουν, προσδιορίζουν, ονομάζουν τις δυνατότητες κάλυψης των αναγκών των ατόμων που βρίσκονται σε διακοπές (=> γνωστικοί στόχοι)

✓ χρησιμοποιούν, ενεργοποιούν και να ελέγχουν μέσα (π.χ. η/υ, μελέτη και διεκπεραίωση διαφόρων τύπων εγγράφων κ.ά.) και υλικά (πχ. ποιότητα κατασκευής τουριστικής μονάδας) (=> ικανότητες) , καθώς

✓ προσαρμόζονται και να κινητοποιούνται κατάλληλα σύμφωνα με τις πελατειακές τουριστικές απαιτήσεις. (=> συμπεριφορά)

Όπως βέβαια είναι φυσικό σε αυτού του είδους τα προγράμματα, υπάρχουν κατά περίπτωση και ειδικοί στόχοι που προκύπτουν από ιδιαίτερες τοπικές ανά-γκες/συνθήκες/καταστάσεις και καθορίζονται από τον εκάστοτε οργανισμό που μεθοδεύει την διοργάνωση-του προγράμματος (Courau 1994, σ. 96, Δημητρόπουλος 1999   σ. 32, 66)

4

'Αντικείμενα' αξιολόγησης του προγράμματος

Εξαρτάται προφανώς από το περιεχόμενο του προγράμματος και το μοντέλο αξιολόγησης του, εντοπίζοντας καταρχάς τα βασικά αντικείμενα αξιολόγησης· - τα οποία και είναι <u>κοινά</u> σε κάθε εκπαιδευτική διαδικασία - και την συνέχεια τα <u>ειδικά ή</u><u>περιπτωσιακά</u>, τα οποία και κρίνονται/εκτιμώνται με βάση εξωτερικά κριτήρια[2] πλήρως κατανοητά, επιστημονικά τεκμηριωμένα και σαφή.

Ως <u>κοινά</u>, χαρακτηρίζονται τα αντικείμενα που σχετίζονται με την αξιολόγηση έμφυτων παραγόντων, όπως αναφέρονται κατωτέρω :

> Επιμορφωτές (άτομα με εμπειρία και γνώσεις και συναφείς τίτλους σπουδών στο πεδίο του τουρισμού, από Πανεπιστήμια, επιχειρήσεις, φορείς του δημόσιου, υπουργεία...κ.λπ.=> κρίνονται οι τεχνικές και μέθοδοι διδασκαλίας που εφαρμόζουν, καθώς κα τα επίπεδα ενδοεπικοινωνίας και αλλεπίδρασης που είναι σε θέση να εφαρμόσουν θεωρητικά και στις ομάδες εργασίας των συμ- μετεχόντων)

> Εκπαιδευόμενοι (άτομα που σχετίζονται άμεσα με την αγορά εργασίας και εργάζονται είτε σαν στελέχη είτε σαν ιδιοκτήτες στον ιδιωτικό φορέα σε τουριστικές επιχειρήσεις , γραφεία τουρισμού κ.ά και επιδιώκουν να εξελίξουν τις δεξιότητές τους=> εκτιμάται η επίτευξη ή μη των σχετικών με το θέμα προσδοκιών τους σε προσωπικό και συλλογικό επίπεδο)

> Επιστημονικός Σύμβουλος (π.χ. καθηγητής τμήματος ΑΕΙ Τουριστικού Τομέα ή Οικονομικού, που καλείται να συνεργαστεί παρέχοντας τις γνώσεις του στη δράση, ως επικεφαλής διευθύνων)

> Εποπτική, οργανωτική συντονιστική, οικονομική Επιτροπή (άτομα με εξέχου- σες θέσεις στον χώρο της εκπαίδευσης, του τουρισμού και της οικονομίας, που να προέρχονται από την περιοχή κατά προτίμηση, οπότε και να γνωρίζουν τις ιδιαίτερες ανάγκες της και συνθήκες διαβίωσης των κατοίκων)

> Επικουρικό προσωπικό για την γραμματεία και την λογιστική στήριξη (άτομα που δύνανται να διεκπεραιώσουν αυτό τον ρόλο, χωρίς υποχρεωτικά να κατέχουν υψηλούς τίτλους σπουδών) (Cambi and al., 2003)

---

[2] Ειδικά στην αξιολόγηση εκπαιδευμένων, διακρίνονται σε <u>κριτήρια επιλογής</u> (=> πως πρέπει να επιλεγούν οι εκπαιδευόμενοι στο πρόγραμμα κατάρτισης παροχής τουριστικών υπηρεσιών- π.χ. με βάση τις ξένες γλώσσες, την ειδικότητα, την ηλικία κ.ά.), <u>κριτήρια εκπαιδευτικής διαδικασίας</u> (=> με tests προσομοίωσης, ερωτηματολόγια, tests επίδοσης διαφόρων ειδών -π.χ. παρουσίαση από ομάδες ή διοργάνωση επίσκεψης σε αρχαιολογικό χώρο της περιοχής ή ανάθεση σύνταξης εγγράφου παραπόνων σε φορέα του Δημοσίου κ.ά.) και <u>κριτήρια πιστοποίησης</u> (=> π.χ. ατομική έκθεση τρόπων συμπεριφορισμού καταστηματαρχών τουριστικών καταστημάτων και μέθοδοι αντιμετώπισης/βελτιστοποίησής τους)

5

και μη έμψυχων παραγόντων :

> Οι ενδεικτικά προαναφερόμενοι στόχοι του προγράμματος 'κατάρτισης παροχής τουριστικών υπηρεσιών

> Το περιεχόμενο και η διάρθρωση (αν είναι ικανό το πρόγραμμα να συμβάλλει στην απόκτηση δεξιοτήτων 'τουριστικής υφής')

> Η οργανωτική και διοικητική δομή, καθώς και το οικονομικό σκέλος του (π.χ. αν η ευρωπαϊκή κοινότητα καλύπτει την χρηματοδότηση κατά το μεγαλύτερο ποσοστό, διενεργείται εμπεριστατωμένη μελέτη στην κίνηση των κεφαλαίων και στους τρόπους κάλυψης του υπολοίπου)

> Η μεθοδολογία που χρησιμοποιήθηκε (και αν το θεωρητικό μέρος ήταν σε αντιστοιχία με την άσκηση, π.χ. δημιουργία και λειτουργία ομάδων εργασίας με θεματικές δραστηριότητες συναφείς με τουριστικά δρώμενα)

> Εποπτικά μέσα, υλικά (γραπτής, οπτικοακουστικής ή άλλης μορφής) και καταλληλότητα χώρων (π.χ. χρήση η/υ σε εργαστηριακό χώρο και δημιουργία virtual σεναρίων για προετοιμασία ομαδικού ταξιδιού κ.ά)

> Αποτελέσματα προγράμματος (π.χ. 'μετα-παρακολούθηση' συμβουλευτικού χαρακτήρα και αλληλοαξιολόγηση των ομάδων των εκπαιδευόμενων στον

χώρο εργασίας τους, -με σύνταξη ερωτηματολογίων, πινάκων κ.λπ.), κατά την διάρκεια και μετά το πέρας του προγράμματος (Βαϊκούση, 1999).

Μεθοδολογία και στάδια αξιολόγησης

Η προσέγγιση της αξιολόγησης αφορά σε εφαρμογή ποικίλων μεθόδων και τεχνικών και εξαρτάται άμεσα από το περιεχόμενο του εκάστοτε προγράμματος. Σύμφωνα με τον Δημητρόπουλο[3] μία χαρτογράφηση της διαδικασίας[4] αποτυπώνεται με :

o Παρατήρηση

o Σύγκριση-Συσχέτιση

o Πειραματικές και οικονομολογικές μέθοδοι

---

[3] Δημητρόπουλος, 1999, Αξιολόγηση εκπαιδευτικών προγραμμάτων, σ.46)
[4] Χρησιμοποιήθηκε ο καταιγισμός ιδεών ώστε οι επιμορφούμενοι να προβάλλουν τις θέσεις/ιδέες τους και να συζητηθούν αυτές. Λειτούργησαν οι ομάδες εργασίας σύμφωνα με τις αρχές της διαπραγμάτευσης, αλληλεπίδρασης και ενδοεπικοινωνίας. Έγιναν επιδείξεις slides και ταινιών με θέμα τον τουρισμό και κριτική ανάλυσή τους κ.λ.π.

6

o Ελεύθερη 'επιστημονική' κριτική

o Αυτοανάλυση και Αλληλοαξιολόγηση

μέσω ειδικότερων τεχνικών αξιολόγησης, όπως :

o Συνέντευξη, παρατήρηση άμεση ή έμμεση

o Οικονομετρικές τεχνικές

o Οπτικός έλεγχος και τήρηση αρχείων, δεδομένων κ.λπ.

o Εξετάσεις επίδοσης και tests απόδοσης

Στο προαναφερόμενο πρόγραμμα κατάρτισης 'Παροχής Τουριστικών Υπηρεσιών Στελεχών Ιδιωτικών Επιχειρήσεων' αξιολογείται το περιεχόμενο του στο εκάστοτε στάδιο, ακολουθώντας τα διαδοχικά :

> Στο διαγνωστικό στάδιο (πρώτη ή 'προκαταρκτική' φάση σχεδίασης) κρίνεται αναγκαία η μελέτη, ενσωμάτωση και προγραμματισμός προκαταρκτικών ενεργειών => ποιοι θα εκπαιδευτούν στις τουριστικές ενέργειες, οι τρόποι επιλογής τους με βάση κάποια κριτήρια, ποιά διαδικασία θα τηρηθεί, πως θα ε- κτιμηθεί απόκτηση ή μη δεξιοτήτων τους στο αντικείμενο

> Στο διαμορφωτικό στάδιο (φάση 'κατά την διάρκεια') κρίνεται η υλοποίηση των διαδικασιών, των μέσων και των υλικών και εκτιμάται αν και κατά πόσον έγινε πράξη η απόκτηση δεξιοτήτων, -απλών και σύνθετων-, στους εκπαιδευόμενους, η λειτουργία των εκπαιδευτών (μέθοδοι, και εκπαιδευτικές τεχνικές[5] που χρησιμοποιήθηκαν) και προσμετρούνται οι τυχόν αποκλίσεις από τους προκαθορισμένους στόχους - μέσω ποιων ενεργειών αποφεύχθηκαν ή όχι-, καθώς και αν η ανατροφοδότηση υπήρξε και συνέβαλε στην βελτιστοποίηση της διαδικασίας

> Στο τελικό στάδιο (φάση μετά το πέρας της διαδικασίας) είναι η ολική- αναδρομική εκτίμηση, όπου και γίνεται η τελική αποτίμηση και κρίνεται ο βαθμός απόκτησης της επιθυμητής μάθησης (π.χ. είναι ικανοί οι εκπαιδευόμενα συντάξουν μια επιστολή παραπόνων στο υπουργείο, να διακρίνουν τη διαφορά ποιότητας σε προγράμματα διακοπών, να προωθήσουν την ανάπτυξη του τουρισμού στην περιοχή με κατάλληλες στάσεις/συμπεριφορές που αποκτήθηκαν κατά την διάρκεια του προγράμματος (Fraccarolli and Vergani, 2004). Ακολουθεί η φάση μετα- αξιολόγησης όπου και μακρο-αναλύονται τα αποτελέσματα και οι χρήσεις τους μέσω των αντιδράσεων των διαφορετικών πρωταγωνιστών (επιμορφούμενοι, διοργανωτές, σύμβουλοι κ.ά), των μαθησιακών κατακτήσεων (δεξιότητες τεχνογνωσία κ.α.) και των έμμεσων συνεπειών που μπορεί να προκύψουν (περιθωριοποίηση κάποιων διοργανωτών, ενδοεπικοινωνιακές

7

διαμάχες, συγκρούσεις με τοπικούς παράγοντες κ.ά. (Noyé and Piveteau σ.134)

Τελική έκθεση αξιολόγησης του Προγράμματος

Εξαρτάται από το περιεχόμενο του προγράμματος, το ύψος της χρηματοδότησης και τον χρηματοδότη, το όλο ύφος και η μορφή[6] της έκθεσης αξιολόγησης και οι αποδέκτες της. Συνήθως υποβάλλεται μετά το πέρας του προγράμματος και αυτό ρυθμίζεται και από την αρχική[7] σύμβαση.

Μία αυτού του είδους έκθεση περιλαμβάνει :

o Εισαγωγή

o Αναφορά στους σκοπούς, στόχους και τη μεθοδολογική προσέγγιση

o Ανάλυση και ερμηνεία αποτελεσμάτων

o Προτάσεις χρήσης ή βελτίωσης των αποτελεσμάτων καθώς και

o Γραφικές απεικονίσεις με πίνακες, διαγράμματα , ερωτηματολόγια κ.ά

Η συγκεκριμένη έκθεση για το 'Πρόγραμμα κατάρτισης παροχής τουριστικών υπηρεσιών' οφείλει λοιπόν να ακολουθήσει το ανωτέρω μοντέλο και να περιλαμβάνει όλα εκείνα τα στοιχεία που χαρτογραφούν την πορεία του προγράμματος, τον αριθμό των επιμορφωμένων και την επίτευξη ή μη των προκαθορισμένων δεξιοτήτων σχετικά με τουριστικά δρώμενα σε όλα τα στάδια του προγράμματος, τους στόχους και κατά ποιό ποσοστό υλοποιήθηκαν, την επιστημονική κατάρτιση-διδακτική προσέγγιση-εκπαιδευτική εμπειρία και παραγωγικότητα/αποτελεσματικότητα των εκπαιδευτών, τους χώρους και τα υλικά/μέσα που χρησιμοποιήθηκαν στη διάρκεια/τέλεση του συγκεκριμένου προγράμματος., καθώς και τους παράγοντες που συνέβαλλαν στην όλη διοργάνωση (γραμματειακή υποστήριξη, διοίκηση, σύμβουλοι) μέσω μεθόδων και τεχνικών που έχουν ήδη αναφερθεί ανωτέρω (Willis, 2018).

Αποδέκτες ορίζονται από την αρχή ανάλογα με το πρόγραμμα και τον οργανισμό που το διεκπεραιώνει. Πολύ συχνά σε προγράμματα αυτού του είδους, αποδέκτης είναι ο χρηματοδότης και συγκεκριμένα κατά ένα πολύ μεγάλο ποσοστό (συνήθως 60-75% κονδύλια της Ευρωπαϊκής Κοινότητας και κάποιο Υπουργείο. Στο ανωτέρω 'Πρόγραμμα Παροχής Τουριστικών Υπηρεσιών σε Στελέχη Ιδιωτικών Επιχειρήσεων', αποδέκτης όπως πλασματικά

---

[6] Το ύφος τεχνοκρατικό και σωστή χρήση της γλώσσας. Πολλές φορές πλέον γράφεται εκτός από ελληνικά και σε κάποια άλλη γλώσσα της Ευρωπαϊκής Ένωσης και διατίθεται και 'δακτυλογραφημένη' και σε ηλεκτρονική μορφή

[7] Υπάρχει πλειστάκις και ενδιάμεση έκθεση, αν προβλέπεται από την σύμβαση

έχει αναφερθεί εξ αρχής, ορίζεται το Υπουργείο Ανάπτυξης-Επενδύσεων και η Ευρωπαϊκή Ένωση.

Οι χρήστες των αποτελεσμάτων επίσης, μπορούν να είναι πλείστοι (ο οργανισμός που το υλοποίησε, οι οργανωτές, οι εκπαιδευόμενοι). Επιπλέον ένα τέτοιο πρόγραμμα μπορεί να λειτουργήσει και σαν πυξίδα για σχεδιασμό κάποιου υποσκέλους του στο εγγύς ή απώτερο μέλλον, αναφορικά με τον τουρισμό («πρόγραμμα επιμόρφωσης ατόμων/στελεχών διαδοχής σε ξενοδοχεία»), από τον ίδιο ή κάποιο άλλο οργανισμό.

Ανασταλτικοί παράγοντες στην διάρκεια του Προγράμματος

Προβλήματα μπορούν να προκύψουν οιανδήποτε στιγμή στο πρόγραμμα και μπορούν να ενταχτούν σε δύο κατηγορίες :

o αυτή των έμψυχων παραγόντων (σχέση επιμορφούμενων-επιμορφωτών) και

o εκείνη των άψυχων (τεχνικά προβλήματα λόγω πλημμελούς στήριξης, ακαταλληλότητα χώρων, ατελής διαχείριση χρόνου, προβλήματα χρηματοροής κ.ά).

Όμως η κατηγορία των έμψυχων παραγόντων είναι αυτή που 'κλέβει την παράσταση' και κυρίως διάστασή της ως επικοινωνιακή, γνωστική και ψυχο-παιδαγωγική συσχέτιση μεταξύ εκπαιδευτών και εκπαιδευομένων. Σύμφωνα με την Courau η ικανότητα του διδάσκοντα να είναι σε θέση ν'αποτελεί αντικείμενο μεταβίβασης[8] προς τους διδασκόμενους είναι 'αλχημεία'(Courau, σ.114). Σύμφωνα επίσης με τον Goffman, η συμπεριφοριστική ερμηνεία και αποτίμηση του ατόμου, 'εκτελείται' στο πλαίσιο της 'εικόνας' του, όπως αυτή την εκλαμβάνει ο 'απέναντι' και του την αντανακλά. Δηλαδή η σχέση μεταξύ της δυνητικής και πραγματικής ταυτότητας διαμορφώνεται με βάση την αυτοαντίληψη, αυτοεκτίμηση και αυτοαξιολόγηση διά μέσου της εξωτερικής εικόνας που έρχεται στο κοινωνικό προσκήνιο, μέσα από ποικίλες στάσεις και συμπεριφορές που υιοθετεί κατά περίσταση το άτομο (Goffman, 1973).

Σχετικό με το ανωτέρω ζήτημα θεωρείται το 'παράθυρο Johari' (Κατσαλής, 2001, σ.65) (=> διαδικασία δράσης ανάδρασης[9] ουσιαστικά) που μπορεί να λειτουργεί σαν κινητήριος μοχλός σε όλη την διάρκεια τέλεσης εκπαιδευτικού προγράμματος και εποικοδομητικό κρίνεται να είναι εκ των προτέρων οικείο και αποδεκτό κυρίως στους εκπαιδευτές που θα λάβουν μέρος στην όλη προγραμματισμένη διαδρομή, ούτως ώστε να είναι ικανοί να

---

[8] Με την έννοια του βαθμού μεταδοτικότητας (=> στο αντικείμενο που καλείται να διδάξει), αλλά και του γνωρίζειν καλά'εαυτόν' σε συσχέτιση με τους άλλους (=> αυτογνωσία)

[9] Η ανάπτυξη του 'γνώθι σαυτόν', αποτελεί καθοριστικό παράγοντα κοινωνικής αποδοχής και συμβάλλει στην βελτιστοποίηση του ατομικού, κοινωνικού και επαγγελματικού έχειν και γίγνεσθαι

9

διαχειριστούν με 'γόνιμο' τρόπο τις ομάδες εργασίας που θα αναπτύξουν και θα συνεργαστούν σε όλα τα στάδιά τους[10], κατά την διάρκεια του προγράμματος (Γκότοβος, 1999) . Δεν είναι δυνατόν όλοι να ταυτίζονται στο ρυθμό ταχύτητας απόκτησης μάθησης, ούτε φυσικό να παραγκωνίζονται οι πιο αργοί. Και είναι γεγονός πως όλοι δεν είναι επαρκείς να διδάσκουν τα πάντα και σε όλους, γι αυτό και κρίνεται αναγκαίο η επιλογή των εκπαιδευτών να γίνεται μετά από ιδιαίτερη έρευνα και κριτική μελέτη/ανάλυση των επιστημονικών-παιδαγωγικών προσόντων, διδακτικών μεθόδων/στρατηγικών και εκπαιδευτικών χαρακτηριστικών τους (Mezirow, 2003).

Γενικά πάντως πρέπει να γίνεται ενδελεχής έλεγχος σε όλη την διάρκεια, να υπάρχει εύκαμπτος σχεδιασμός και αδιάπαυστη παρακολούθηση, ώστε η εφαρμογή των παραμέτρων διάρθρωσης να μπορεί να γίνει σαφής μεν, αναδιαμορφούμενη δε, όταν παρουσιάζεται πρόβλημα.

Συμπεράσματα

Αναγνωρίζοντας λοιπόν την σημαντικότητα της πυραμίδας του Maslow, η οποία κατατάσσει τις βασικές ανάγκες ενηλίκων υποκειμένων, σε στοιχειώδεις, αυτές για ασφάλεια, εκείνες του 'ανήκειν', αυτές για αναγνώριση και εκείνες για αυτοεκπλή-

ρωση (S. Courau, 2000, σ.108), δεν μπορούμε παρά να καταλήξουμε στο συμπέρασμα πως ο μελετημένος σχεδιασμός ενός εκπαιδευτικού προγράμματος, προϋποθέτει και την επιτυχή ή μη πραγμάτωσή του, μέσα από την σπονδυλωτή ικανοποίηση των σχετικών με το εκάστοτε αντικείμενο αναγκών, που υπάρχουν και που προκύπτουν.

Έναρξη στην όλη διαδικασία μιας μορφής δράσης όπως αυτή που αναπτύξαμε ανωτέρω, είναι η διερεύνηση λοιπόν των αναγκών" (-Με προσέγγιση ψυχολογική, ψυχο-κοινωνιολογική, πολιτιστική, οικονομική και δομο-λειτουργική και με τήρηση των ισορροπιών μεταξύ συνειδητών-ρητών και μη ρητών αναγκών, καθώς και λανθανουσών-), τόσο σε επίπεδο τοπικής ανάπτυξης όσο και σε εκείνο της αγοράς εργασίας και του πληθυσμού-στόχου και ανάλυσης των υποχρεώσεων, ευθυνών και επαγγελματικών δεξιοτήτων των θέσεων εργασίας,

---

[10] Η εκπαιδευτική ομάδα εργασία είναι ουσιαστικά ο πυρήνας ανέλιξης της εκπαιδευτικής διαδικασίας και η διαχείριση/συντονισμός της από τον εκπαιδευτή είναι υψίστης σπουδαιότητας... Τα στάδια είναι πέντε και αφορούν : 1. στον σχηματισμό της ομάδας 2. στο στάδιο σύγκρουσης-καταιγίδα (αρχικά) 3. στο στάδιο δημιουργίας και αποδοχής κανόνων 4. σε αυτό της μέτρησης της απόδοσης και 5. στο στάδιο αποχωρισμού (Cambi, 2003)

εφόσον εξ αρχής τεθούν οι στόχοι και ακολουθήσει μια ιεράρχηση προτεραιοτήτων στη συνέχεια, η οποία ιεράρχηση, θα συντελέσει και στην ομαλή και μελετημένα οργανωμένη διάρθρωση και επιτυχή τέλεση του προγράμματος (Francescato, Tomai and Mebane, 2004).

Στην προαναφερόμενη διαδικασία όμως, δεν μπορεί να παραβλεφθεί η παράμετρος ελέγχου εσωτερικής και εξωτερικής αξιολόγησης του προγράμματος, - όπως αυτή που αναπτύξαμε -, μέσω ποικίλων μεθόδων και τεχνικών, καθώς και να καθοριστούν οι τρόποι κοινοποίησής του, χρήσης και διάχυσης των αποτελεσμάτων του, στο πλαίσιο μιας δυναμικής μορφής/αντίληψης της αξιολόγησης, που αφορά στην ποιοτική ανάπτυξη και αναδιαμόρφωση προγραμμάτων του κοινωνικο-εκπαιδευτικού 'γίγνεσθαι'

Εν κατακλείδι, είναι κοινά αποδεκτό πως η αξιολόγηση, όταν λειτουργεί με βάση την επιστημονικοποίηση, είναι, ή τουλάχιστον έχει, τις προδιαγραφές να αναδείξει σημαίνοντα στοιχεία εισροών και εκροών των Εκπαιδευτικών Δομών και θεωρείται δικαίως, ο μείζων παράγων βελτιστοποίησης των δράσεών τους.

11

ΒΙΒΛΙΟΓΡΑΦΙΑ

Ξενόγλωσση

Cambi F & al (2003). Le professionalità educative, Rome, Carocci editore Fracescato, D., Tomai, M. & Mebane, M.E. (2004). Psicologia di comunita per la scuola, l'orientamento e la formazione, Bologna, il Mulino editore

Fullan, M. (2007). The new meaning of educational change. (5th ed.) New York, NY: Teachers' College Pres

Fraccarolli, F. and Vergani A. (2004). Valutare gli interventi formativi, Rome, Carocci

Goffman E.(1973). La mise en scene de la vie quotidienne, Paris, édit. de Minuit

Mezirow, J. (2003) : "Apprendimento e Trasformazione", Raffaello Cortina editore, Milano

Nesterkin, D. (2013). Organizational change and psychological reactance. Journal of Organizational Change Management, 26(3) 573-594

Nirchi, S. and Simeone, D. (2004). La qualita della Valutazione Scolastica, Roma, ed. Anicia

Piaget, J. (1964) : "Six etudes de psychologie", collection Mediations, editions Denoel-Gonthier, Paris

Willis, H.T. (2018). The basics of Project Evaluation and lessons learned, 2nd edition New York, Productivity press

Ελληνόγλωσση

Βαϊκούση Δ. & al. (1999). Εκπαίδευση Ενηλίκων : Εκπαιδευτικές μέθοδοι ομάδα εκπαιδευομένων, τόμος δ', Πάτρα, εκδόσεις Ελληνικό Ανοικτό Πανεπιστήμιο

Γκότοβος Α. (1999). Παιδαγωγική αλληλεπίδραση, Αθήνα,. εκδόσεις Gutenberg

Δημητρόπουλος Ε. (1999). Αξιολόγηση προγραμμάτων Εκπαίδευσης και κατάρτι¬σης, Αθήνα, εκδόσεις Γρηγόρη

Κατσαλής Α. (2001). Εκπαίδευση Εκπαιδευτών, Αθήνα, εκδ. Κλειδάριθμος

Courau S. (2000). Τα βασικά εργαλεία του Εκπαιδευτή Ενηλίκων, μτφ. Μουτσο¬πούλου Ε., Αθήνα, εκδ. Μεταίχμιο

Noyé D., Pivoteau J. (1999). Πρακτικός οδηγός Εκπαιδευτή, μτφ. Ζέη Ε., Αθήνα, εκδόσεις Μεταίχμιο

Russel, B. (1990). Η ανάλυση της νόησης, μτφ. Κονοπισόπουλος Θ., Αθήνα, εκδ. Ζαχαρόπουλοι Αφοί

YOUR KNOWLEDGE HAS VALUE

- We will publish your bachelor's and master's thesis, essays and papers

- Your own eBook and book - sold worldwide in all relevant shops

- Earn money with each sale

Upload your text at www.GRIN.com
and publish for free